Anonymous

Pfälzische historische Nachrichten aus neuern Schriften

Anonymous

Pfälzische historische Nachrichten aus neuern Schriften

ISBN/EAN: 9783743601185

Hergestellt in Europa, USA, Kanada, Australien, Japan

Cover: Foto ©ninafisch / pixelio.de

Manufactured and distributed by brebook publishing software
(www.brebook.com)

Anonymous

Pfälzische historische Nachrichten aus neuern Schriften

Pfälzische
Historische
Nachrichten
aus

neuern Schriften.

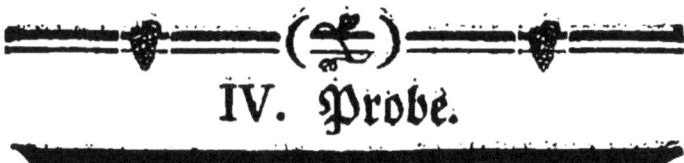

IV. Probe.

Mannheim,
in der Löfflerischen Buchhandlung:
1785.

LIX.

Für ältere Litteratur und neuere Lecture — von Canzler und Meißner. Leipzig 1784.

Ein altes deutsches Sprüchwort: het ich Herzog Jorgen von Beyern gut u. f. w. wird hauptsächlich aus dem Fuggerischen Ehrenspiegel erläutert, von dem sich ein vorzügliches Exemplar in der Dresdner Bibliothek befindet.

LX.

J. E. Waldau Schriften.

Sie werden in Meusels hist. Litteratur v. J. 1783. S. 493. u. f. angezeigt, und von den noch zu erwartenden gemeldet: „ auch sammlet Hr. Waldau Nachrichten „ zur Geschichte — — Johann Eck. „ Ich wünsche ihm — — Beyträge. „

Von

Von schon gedruckten * Schriften zeige ich folgende an.

a,

Nachricht von Hieron. Emsers Leben und Schriften. Anspach 1783. 8.

Wird recensirt in Meusels hist. Litter. v. J. 1784. im IX. St. S. 217 — 221. in den Götting. Anzeigen von gel. Sachen von gel. Sachen v. J. 1784. S. 1172. und in Jenaischen gel. Zeitungen v. J. 1784. S. 723. u. f. wo bey der Disputation zu Leipzig v. J. 1519, besonders mit Absicht auf unsern Melanchton verschiedenes erinnert und berichtiget wird. Vom Benno hatte Hr. W. nicht bemerkt, daß die lateinische Hauptschrift Emsers in Raders *Actis Sanctor. Bavar. T. III.* gleichfals Platz genommen habe. Auch gibt der Jenaische Recensent S. 725. folgenden Eckii Leben betreffenden und zur 35. S. gehörenden, Beytrag: „Mit Recht haben „ Oekolampad und von der Hardt die „ re-

---

* Die Geschichte der Protestanten in Oestreich u. f. w. (Anspach) 1784. 8.) wird in Meusels hist. Litter. v. J. 1784. im VIII. St. S. 133 — 138. angezeigt.

„ responsionem *Jo. Eckii* pro *Hier.*
„ *Emser* &c. in das Jahr 1519 gesetzt.
„ Diese Jahrzahl ist in dem vor uns lie-
„ genden Original - Exemplar gedachter
„ Schrift auf das deutlichste ausgedruckt.

b.

Allmanach für Freunde der theol. Lecture aufs
J. 1783. Nürnb. 1783. 8.

Sehet Meusels hist. litter. v. J. 1783.
S. 498. u. f. Herr W. liefert uns n. IX.
eine Anekdote von Herrn Westhof im Gülichischen, der auf eine neue Glocke die Worte
giessen ließ: Bim! Bum! Bum! Vi-
vat Lutherthum.

c.

Kirchengeschichte der evang. reformirten Gemeine
zu Nürnberg. 1783. 8.

Herr Meusel nennet S. 493. diese
Schrift einen zwar kleinen aber wichtigen
Beytrag zur Kirchengeschichte. Ströbels
Nachrichten werden, wie schon droben S.
126. n. III. angekündigt war, weiters aus-
geführt. Wir bemerken folgendes:

I) Verfolgte Niederländer wenden sich
nach Nürnberg, zu denen sich nachher auch

Ver-

Vertriebene aus der **Pfalz** gesellen. Sie
ließen ihre Kinder ausserhalb Nürnberg,
meistentheils in der benachbarten Pfälzischen, damals noch reformirtten Stadt,
Neumarkt * taufen S. 5 — 8.

II) Im Jahr 1658. intercedirte der
Churfürst von der Pfalz, **Karl Ludwig,**
in einem unterm 25. April gefertigten Schrei-
ben

---

* **Neumarkt** bei **Nürnberg.** Jezt kann man
den Geburtsort des **Caspar Scioppius** nä-
her bestimmen. Nicerons Nachrichten von
Gelehrten haben im XIX. Theil (Halle 1759.)
S. 282. dieses: „Er wurde in der Pfalz den
„ 27. May 1576. gebohren. Viele meinen,
„ daß sein Geburtsort Neagora seye, wel-
„ ches aber unwahrscheinlich zu seyn schei-
„ net.„ Allein Neagora ist eben dieses
pfälzische Neumarkt. Da aber dieser Ort
dem stolzen Scioppius nicht wichtig genug
schiene, wollte er sich lieber nach der Ge-
wohnheit der Alten, von der nahen berühmten Stadt, *Noribergensem* nennen. In der
Heidelbergischen Universitäts-Matrikel hat er
sich schon am 17. Aug. 1592. also einge-
schrieben: *Casparus Schopius Noribergensis,*
auch nennet er in *Suspectis Lectionibus* (Amst.
1664.) S. 288. den **Camerarium** *civem
suum,* und rühmt S. 22. von demselben: *pri-*
mus patriam meam *nominis sui clarore il-*
lustravit.

ben an den nürnbergiſchen Magiſtrat, — —
für die Reformirten, doch — — ohne
Frucht S. 28.

III) Jhre Kirche im Dorfe Stein
wurde im Jahr 1660. eingeweyhet von
Hrn. M. J. J. Uebel und Hrn. Pfarrer Ge. Ulr. Geyſel, der als Pfälziſcher
Exulant hier wohnte S. 28.

IV) S. 37 — 48. werden die bisheri-
ge Lehrer der Gemeine ſeit 1649. aufgezählt,
und ihre vornehmſten Lebensumſtände be-
rührt. Wir wollen uns einiges merken:

a) Des Johann Strübinius Gat-
tin, Magdalena war, wie Hr. W.
ſchreibt, „ eine Tochter Hrn. Wolfg.
„ Heinr. Salmuths, Sekretärs bey der
„ Fränkiſchen Ritterſchaft, welcher 1654.
„ den 6. Apr. und Frauen Marien Sa-
„ lome, welche 1673. den 4. Apr. nach
„ Wöhrd begraben worden. Jhr Bruder
„ war Hr. Johann Lorenz Salmuth,
„ der bey ſeiner 1693. den 28. Sept. ge-
„ ſchehenen Beerdigung an den Leichtafeln
„ zu Nürnberg und Wöhrd alſo angeſchrie-
„ ben worden: Der Wohlehrwürdig
„ und Hochgelehrte Herr Johann

K 4　　　„ Lo-

„ Lorenz Salmuth, Churpfälzisch
„ wohlverordneter Kirchenrath und
„ oberster Pfarrer in der Kloster=
„ Kirche zu Heidelberg. Er hat, nach
„ dem die Franzosen Heidelberg zerstört hat=
„ ten, allhier im Exilium gelebt, und ist
„ im 74sten Lebensjahr gestorben. „

b) Die Lebensumstände des Joh. Da=
niel Schmidtmanns, der zu Alsenz im
Pfalz=Zweybrückischen gebohren ware, wer=
den S. 38 39. erzählt. Bey seinem Vat=
ter muß man eine Kleinigkeit verbessern.
Er war nicht erster Prediger zu Weisen=
heim (in der Pfalz ist ein Weißenheim
am Sand,) sondern zu Meisenheim im
Zweybrückischen.

c) S. 39. J. E. Kluck, auch ein
Pfälzer.

d) S. 39. — 43. kömmt verschiedenes
von der Herzogenrathischen Familie vor.
Herr Wund, der, nach S. 42, dem sel.
Kirchenrath Herzogenrath eine Gedächt=
nißrede A. 1780. hielte, ware damals nicht
zu Heidelberg, wie es hier heißt, sondern
zu Lautern Inspector und Professor, wo
auch diese Rede abgelesen wurde.

V) S.

V) S. 67 — 69. liefert uns Hr. W.
ein Verzeichniß reformirter Personen, welche ·in ansehnlichen Kriegs- und Civilbe-
dienungen der Republik Nürnberg gestan-
den sind, unter welchen auch einige die
Pfalz angehen. S. 67. Christoph Har-
desheim, oder Herdesianus hat ver-
schiedene Bücher zu Neustadt drucken laß-
sen. Paul Freher, der ältere und jün-
gere, Andreas und Carl Joachim Freher S. 68. sind uns wegen unserm Mar-
quard Freher merkwürdig. Unter den
Gliedern der Nürnbergischen reformirten
Gemeine, die von grossen Herrn Titel und
Charactere gehabt, erscheinen S. 69. Joh.
Daniel Geyßel, Chur-Pfälzischer Rath
und Agent von den Churfürsten Carl Ludwig und Carl; und Joachim v. Sand-
rat, auf Stockau, ein berühmter Mah-
ler, auf welchen Nürnberg noch immer stolz
seyn darf, der Churpfälzischer und Hoch-
fürstl. Neuburgischer Rath und Ritter vom
St. Marcus war.

LXI.

✢✢✢✢✢✢✢✢✢✢✢(✢)✢✢✢✢✢✢✢✢✢✢✢

LXI.

J. S. Semlers hist. Abhandlungen über einige Gegenstände der mittlern Zeit. Deſſau und Leipzig, 1782. 8.

Dieſe Abhandlung erſchiene, wie es ferner auf dem Titel heißt, bey Gelegenheit eines Aufſatzes, der in München das Acceſſit erhalten. Man hatte 1779. einen Preiß geſetzt auf die Erklärung folgender vom Mabillon in ſeiner Reiſebeſchreibung zuerſt aus dem Bayeriſchen Kloſter Geiſſenfeld bekannt gemachten Grabſchrift:

Haç jaçet in tumba *Gerbirgis*; filia *regis*
Græci Stratoris Eberhardi quæ fuit neptis.
Hujus loci prima fertur Prælata fuiſſe.

Und dieſem Umſtand haben wir dieſe gelehrte Abhandlung zu danken, die in Meuſels hist. Litteratur B. II. v. J. 1782. S. 338, und B. I. v. J. 1783. S. 184., im dritten Band der Annnalen der Baieriſchen Litteratur v. J. 1782, der zu Nürnberg 1783. erſchiene, und neulich in den Göt-

Göttingischen Anzeigen von gel. Sachen v.
J. 1784. S. 546 — 550. recensirt wird.
Dem Göttingischen Recensenten ist S. 547.
ein Griechischer König in einer Baieri-
schen Kloster - Grabschrift nicht eben auf-
fallend, uns ist aber diese ganze Recension
sehr merkwürdig, auch in Absicht auf die
traditiones *Laurishamenses.*

✕✕✕✕✕✕✕✕✕✕✕✕✕✕†✕✕✕✕✕✕✕✕✕✕✕✕✕✕

LXII.

Deutsches Museum v. J. 1783. 84.

Im J. 1783. S. 24. u. f. lieset man eine Nachricht von den Eisen- und Stahl-
fabriken im Herzogthum Berg; und die
Berichtigung dieser Nachricht im J. 1784.
S. 54. u. f.

LXIII.

J. P. Roos Nachrichten von dem Wild = und
Rheingraven Philipp Franzen von Dhaun.
Frankf. 1784. 4.

Die Churfürsten Friedrich und Ott
Heinrich von der Pfalz, wie auch
der Pfalzgraf Wolfgang von Zweybrü-
cken,

cfen, pflegten ihn in den wichtigsten Staats-
angelegenheiten, mit dem besten Erfolge, zu
Rathe zu ziehen, und zu den ansehnlichsten
Gesandschaften zu gebrauchen.

LXIV.

A. C. Weisens vollständiges Guldencabinet, in
der Ordnung des Madaischen Thalercabi-
nets, I. Theil. Nürnberg 1780.

Kenne ich nur aus Meusels hist. Litteratur für das Jahr 1784. S. 118 —
122. wo S. 120, den Kennern und Lieb-
habern der Pfalz-Bayerischen Münzen gesagt wird: „Einige Abbreviaturen auf ei-
„ nem Kurbayerischen Gulden von 1665.
„ (S. 185.) die in des Verf. Abguß an-
„ ders aussehen, als sie das Thalercabinet
„ n. 2899. angibt, verdienen eine Berich-
„ tigung aus dem Original.

LXV.

Encyclopédie methodique Histoire. Tom. I.
Paris in 4.

In

In den Strasburgischen gelehrten Nach＊
richten v. J. 1784 werden S. 661. in
dem Artikel: *Hubert*, die bey dem bekann＊
ten St. Huberts = Orden begangene hi=
storische Fehler gerüget.

～～～～～～～～～～～～～～

LXVI.

Jo. Genſii Sepulvedæ opera. Madriti 1780.
IV. Bände in 4.

In Meuſels hiſt. Litteratur für das J.
1784. S. 496. u. f. wird das ganze
Werk umſtändlich angezeigt. Die beide er＊
ſtere Bände enthalten die Geſchichte Kaiſers
Karl V. Und hie hebe ich aus dieſer Re=
cenſion etwas aus, das zwar in der Pfäl＊
ziſchen Geſchichte ſchon bekannt ware, aber
doch mit neuen Umſtänden S. 502. alſo
vorgetragen wird: „Man lieſt ſtaunend
„ (lib. XIX. c. 36.) die fürchterliche Ge＊
„ ſchichte eines Spaniſchen Rechtsgeleheten
„ *Alfonſus Diaz*, der von Rom nach
„ Neuburg an der Donau kam, und
„ ſeinen Bruder Johann, weil er zu den
„ Proteſtanten übergetretten war, ermor＊
„ dete. Unſer Geſchichtſchreiber erzählt mit
„ kaltem Geblüt den ganzen Verlauf der
„ Sa＊

„ Sache, den er aus des Mörders eigenen
„ Mund vernommen hatte, und billiget da-
„ bey gar sehr des Kaisers Venehmen, der
„ diesen Unmenschen, auf eine widerrecht-
„ liche Art, der ihm gebührenden Straf
„ entzog.„

LXVII.

C. R. Hausens Staats-Materialien. I. Band.
Dessau und Leipz. 2784. 8.

Im IIIten Stück n. 15. wechselweiser
Salz- und Wein-Handel zwischen den
Pfalzbayerischen und Würtembergi-
schen Landen, seit dem Jahre 1782.

LXVIII.

G. T. Strobels Beyträge zur Litteratur. I. B.
I. St. Nürnberg und Altdorf 1784. 8.

Die Miscellaneen (die mit der VIten
Sammlung geendigt sind, und uns
droben S. 89. u. f. S. 124. u. f. vieles
geliefert hatten,) werden nun unter diesem
veränderten Titel fortgesetzt.

N. I.

N. I. Litterаiſche Nachricht von Melanchthons ſämtlichen Briefen S. 5 —
176, die auch in den Buchläden beſonders
zu finden iſt, enthält auch einige die
Pfalz betreffende Stücke. S. 111. iſt die
Rede von den Camerariſchen Manu-
ſcripten, die jetzt in der Churfürſtlichen Bibliothek zu Mannheim ſind, und viele Briefe
des Melanchthons enthalten. S. 130.
u. ſ. wird gegen Herrn Paſtor Göezen gezeigt, warum Sachſen unſern Friedrich V.
nicht unterſtüzet habe.

N. II. S. 77 — 192. wird ein Be-
denken, das ungefehr nach dem Jahr 1600.
in lateiniſcher Sprache entworfen iſt, und
die Ausbreitung der Catholiſchen Religion
betrifft, abgedruckt, und zwar, wie Hr.
Strobel S. 178. meinet, zum erſtenmal.
Wo aber die Göttingiſche Anzeigen von
gel. Sachen v. J. 1784. S. 1128. bemerken, es ſtehe ſchon in Struvs actis liter.
im II. Band. Die gegen die Pfalz zu ge-
brauchende Kunſtgriffe kann man beym
Hrn. St. S. 186. 187. leſen.

LXIX.

LXIX.

Crells chemische Annalen. Helmstadt. VItes Stück.

N. III. handelt Hr. Succow von einem Waſſer, das ſich zuweilen blutroth färbt. Das im Stadtgraben zu Eppingen hatte dergleichen Farbe. Sehet die Jenaiſche gel. Zeitung v. J. 1784. S. 620.

LXX.

Petri Dominici Roſii de *Porta* Hiſt. Reformat. Ecclesiarum Ræticarum. *Curiæ* Rætorum & *Lindaviæ*. T. I. 1772. T. II. 1777. in 4.

§. 1.

Dieſe Geſchichte, die nicht in jedermanns Händen iſt, liefert uns auch Nachricht von einigen, die Pfalz betreffenden, Gelehrten.

I) Von B. Anhorn, Præf. T. I. lit. D. 3. b. und Tom. I. lib. I. S. 74. und T. II. S. 553.

II) Von

II) Von **Münsters** Cosmographie,
T. I. lib. II. S. 241 — 249.

III) Von **J. Tannenberger**, T. II.
S. 585. 598.

IV. Von **H. Zanchius**, T. I. lib. II.
S. 412. 421. 491 — 494.

§. 2.

Tom. I. lib. II. S. 426. wird aus
Bullingers Ephemerid. erzählt, wie unser Churfürst Friedrich III. die *Confeſſio-
nem Helveticam* mehrentheils zu Stand
gebracht.

§. 3.

Auch können wir aus dem dreißigjähri-
gen Krieg verschiedenes bemerken.

I) T. II. S. 279. 280. kommen vom
Churfürst Friedrich V. wichtige Anekdo-
ten vor. Hie ist die ganze Stelle: „Mi-
„ ſit ad hos judices, (*Davoſianos*) Fri-
„ dericus litteras * amicitæ plenas, qui-
„ bus

---

* Schon 1599. suchte man von Seiten der
der Kurpfalz einen Bund mit den Schwei-
zern zu machen. Sehet meine Pfälz. Beyträge B. II. S. 394. 395.

ß

„ bus exponebat| coronam Regni Bo-
„ hemiæ fibi delatam ac a fe acceptam
„ effe, petebatque ne *Ræti* cuiquam
„ adverfum fe tranfitum permittant.
„ Judices ifti nil veriti Auftriacos Prin-
„ cipes, quorum ditiones *Rætis* limi-
„ taneæ funt, inconfultis Communita-
„ tibus duos Minifttos CASPARUM Bo-
„ ÑORANUM *Lavinianum* & BONAVEN-
„ TURAM TOUTSCHIUM *Cernezienfem* ad
„ *Palatinum* miferunt, qui illi ftudium
„ ac operam *Rætorum* contra *Auftria-*
„ *cos* deferrent, promitterentque fe
„ non permiffuros, ut *Hifpani* per Ræ-
„ tica itinera tranfeant, fi forté in fa-
„ vorem Cæfaris penetrare in Germa-
„ niam cupiverint. Ifti legati in itine-
„ re JOACHIMUM ERNESTUM, Principem
„ *Brandenburgicum Onolzbacenfem*, *Ro-*
„ *tenburgi* ad *Tuberam* convenientes,
„ unioni proteftantium multa promififfe
„ dicebantur. TOUTSCHIUS reverfus eft.
„ BONORANUS *Pragam* usque excur-
„ fus, ubi *Palatino* ac Confiliariis ejus
„ pariter multa ad guftum dixiffe cer-
„ tum eft. Idem fuiffe dicebatur *Fri-*
„ *derico* Baroni a *Tieffenbach* auctor
„ veniendi ad Fabarianas thermas, nem-
„ pe,

„ pe, ut inde profperum eorum, quæ
„ in Rætia in favorem Electoris fusci-
„ perentur., fucceffum nunciare poffet;
„ quæ mora fummo illi viro feralis eva-
„ fit, ut fuo dicetur * loco. Legatis
„ *Rætis* Confiliarii Electoris aureos Rhe-
„ nanos quatuor mille, (fide *Juvaltæ*)
„ confignaverunt, ad milites, in vallem
„ *Tellinam* præfidii caufa mittendos,
„ alendum, & fubfequenter alios quo-
„ que fumtus fubmittere polliciti funt.
„ Sed legati domum venientes pecu-
„ nias retinuerunt, & in alios ufus con-
„ verterunt. „

II) S. 457. liefet man: „alii *Ræti*
(die fich nach Zürch geflüchtet hatten) Co-
„ mitis *Mansfeldii*, fupremi copiarum
„ FRIDERICI *Palatini* Ducis, alii GEOR-
„ GII FRIDERICI *Badenfis* Marchionis mi-
„ litiam fequebuntur. „

III) Bey diefer Gelegenheit will ich
aus T. II. cap. XX. §. 1. S. 464. u. f.
die Auffchrift vom Jahr 1622. herfezen:
Sævitia Auftriaci *militis exacerbati* RAE-

TIGOII

---

* Nemlich S. 360 — 362. Die Schickfalen
 diefes Barons find uns auch merkwürdig.

TIGOII *inermes armatos trucidant. Vis
illata conscientiis desperationem producit, quæ sæpius incredibilia præstat.* Am
24. April (die Palmarum) hat sich dieses
alles zugetragen. Hieher gehörte eine kleine damals in 8. auf einen Bogen gedruckte
Schrift, die ich meinen **Ergözlichkeiten
aus der Psälzischen und Schweizerischen Geschichte und Litteratur,**
Stück II. (Zürch 1768.) S. 23. n. 10.
angezeigt hatte. Diese, nach dem Geschmack
derselbigen Zeiten, in lustigen Reimen abgefaßte Schrift hat den Titel: **Lobschrift
der tapffern — — Prättigauwern**
u. s. w.

LXXI.

J. C. Adelungs Fortsetzung und Ergänzungen
zu Joechers Gelehrten-Lexico. I. Band
Leipzig 1784. gros 4.

Dieser Band enthält A. und B. Da Hr.
Adelung meine Pfälzische Beyträge
öfters benuzet hat, so will ich noch einiges,
besonders mit Absicht auf die Pfalz, beytragen. Was Hr. A. gar nicht hat, zeige
ich durch † an.

† *Abegg*

✝ *Abegg* (Jo. Jac.) S. Andreä progr. de *Gymnasio Heidelbergensi* S. 21. und *Spicilegium I.* S. 13.

Achenbach (Carl Conrad) S. auch Andreä progr. de *Crucenaco* S. 409. u. f. und S. 500. wo auch S. 515. *Franciscus, Franc. Philippus, Georgius, Joannes* und *Joan. Jac. Achenbach* vorkommen.

Acronius (Jo.) Prof. zu Basel. Man vergleiche meine Pfälz. Beyträge B. I. S. 283. u. f.

Acronius (Jo.) der Theolog. S. auch Vriemoets *Athen. Frisiacas* S. 180.

Adami (Jo.) S. Andreä progr. de *Crucenaco* S. 286.

✝ *Adami* (Thomas Ludolf.) S. meine Beyträge B. I. S. 173. worauf sich auch Hr. Andreä im *Tractat de Crucenaco* S. 291. beruft, ihn aber daselbst, und wiederum im Register S. 515. *Joannem Ludolfum* nennet, und auch nicht bestimmen kann, ob er des vorhergehenden Sohn, oder Anverwandter gewesen. Allein er war dessen Sohn, wie aus der

dem

dem *Nicer* vorgeſezten Dedication ſelbſt
erhellet. Auch *Joannes Adami* hat in
Horatiarum Parodiarum libro II.
(Heidelb. 1612. 12.) S. 34. n. 20.
eine parodiam ad *Thomam Ludolfum*
fil.

Aelianus. S. 259. wird ein allenthalben
ausgebreitetes Verſehen wiederholt, und
geſagt, die zu London 1744. herausge-
kommene *Hiſt. Animalium* ſeye zu Heil-
bron 1765. nachgedruckt worden. Ich
habe aber in den Ergözlichkeiten aus der
Pfälziſchen und Schweizeriſchen Geſchichte und Litteratur St. III. S. 18. u. f.
gezeigt, daß die Londner Ausgabe zu Ba-
ſel 1750. apud *Jo. Ludov. Brandmül-
lerum* nachgedruckt worden, welcher
Nachdruck mit dieſem veränderten Titel-
blat auch ausgegeben wird: *Heilbronnæ,*
apud *Eckebrecht* 1765.

✝ *Agricola* (Joſeph) geb. 1729. ware
Profeſſor der Philoſophiä zu Heidelberg,
ſtarb 1777. den 7. Jenner. S. des Hrn.
Schwabs *progreſſum Facultatis Phi-
loſopicæ in Univerſitate Heidelbergenſi
ab anno MDCCLXV. in LXXIX.
continuatum,* S. 30. 31.

Alef

Alef (Franciscus) geb. 1695. den 25. Aug.
zu Heppendorff im Gülichischen, wurde
zu Heidelberg Professor den 9. Dec. 1732.
und starb den 27. May 1763. Seine
Disputen wurden unter folgendem Titel
gesammelt: *Dies Academici.* Heidelb.
1753. 4.

Alef (Jo. Joseph) geb. den 9. Merz 1699.
auch zu Heppendorff, wurde zu Heydel-
berg Professor den 5. April. 1742. und
starb den 14. Jenner 1754. Er war
allerdings des vorigen Bruder.

Alexander (Natalis) Der Kirchengeschichte hat **Elias Veiel** 1699. zu Ulm eine
differt. isagogicam in 8. entgegenge-
setzet. S. meine Pfälz. Beyträge B. II.
S. 17.

Allatius (Leo) S. 605. wird die ihm
1622. gegebene Instruction zur Abho-
lung der Heidelbergischen Bibliothek angeführt, aber vergessen, daß Herr Denis dieselbe in seiner Einleitung in die
Bücherkunde gern für unächt erkläret hätte. Man vergleiche, was ich droben S.
81. gegen Herrn Denis erinnert habe.

† *Alting* (Gerhard) Er suchte unsern
J. F. **Mieg** nach Gröningen zu beför-

dern.

dern. **Miegii** Antwort v. J. 1691.
habe ich in den Pfälz. Beyt. B. I. S. 17.
abdrucken laſſen.

Alting (Henrich) von ſeinen Schickſa-
len bey der Eroberung Heydelbergs habe
ich deſſen eigenhändige Erzählung dem
II. B. der Pfälziſchen Beyträgen S. 18.
einverleibt, und im I. Band S. 93.
und S. 350. not. 3. deſſen hiſtor. Eccleſ. Palat. berichtiget, auch in meinen
Ergözlichkeiten aus der Pfälziſchen und
Schweizeriſchen Geſchichte Stück II. S.
24. eine neue Ausgabe davon verſprochen.

Alting (Jacob) die ſeltene Pièce: *audi
alteram partem* führt Hr. Adelung
S. 658. am Ende an. Die hieſige Sapienz-Bibliothek bewahrt das Exemplar,
wo **Alting** ſelbſt verſchiedenes zu ſeiner
Vertheidigung auf dem Rand aufgezeich-
net hat. Dieſe Aufſäze habe ich in **Clem-
mii** *Amöenit. Academ.* (Stutgart 1754.
8.) S. 227 — 230. bekannt gemacht.

Alting (Menſo) der ältere. Davon hat
Joecher B. I. S. 312. einen Artikel,
und ſchreibt, er ſeye 1567. Paſtor zu
Leidelsheim, und hernach zu Dirn-
ſtein in der Pfalz geworden. Müßte
heiſſen

heiſſen **Leiſſelheim** und **Dirmſtein.**
Er ſchrieb 1567. verſchiedene Briefe ex
Hochium prope *Wormatiam* S. M.
Altingii vitam cum hiſt. Eccleſ. Pa-
lat. (Groningæ 1728.) S. 183. 190.

Alting (Menſo) **Burgermeiſter** zu **Grö-**
ningen. Den hat **Joecher** S. 312.
J. F. **Miegs Brief** an denſelben lieſet
man in **Gerdes** *Miſcell. Groning.* in
8. Band III. S. 57. u. f.

Amiraut oder *Amyraut*, Lat. *Amyral-*
dus (Balthaſar Octavianus) Hr. **Ade-**
lung führt nur etwas von ihm S. 767.
an. Aus dem I. B. der **Pfälz. Beytr.**
S. 148. kann man ihn als **Franzöſiſchen**
Predigern zu **Otterberg** in der **Pfalz** ken-
nen lernen, und aus **Andreä** *Crucena-*
co S. 375. als **Franzöſiſchen Predigern**
in **Baſei.**

✝ *Amiraut* (Paul.) S. die **Pfälz. Bey-**
träge B. I. S. 147.

Anaſtaſius. Deſſen Vitæ Romanorum
Pontificum wurden 1602. zu **Mainz** ge-
druckt. Von dieſer Ausgabe mit Abſicht
auf die gebrauchte **Pfälziſche Mſſ.** und
auf den **Freher,** habe ich das nöthige
erinnert in den **Ergözlichkeiten** aus der

Pfälz.

Pfälz. und Schweiz. Geschichte St. I.
S. 49. 50.

✠ *Andreæ* (Abraham) Gedanensis, geb.
1642. ware an verschiedenen Orten in
der Pfalz Prediger und Inspektor, und
kame als Professor und Prediger nach
Frankfurt an der Oder. S. *Notitiam
Universit. Francof.* S. 59. Die dort
1699. gehaltene Inaugural-Disput, oder
*Persecutionum sacrarum theoria &
Praxis*, liefert uns in der Vorrede seine
Pfälzische Schicksale. Bey der Zerstöh-
rung Heidelbergs verlohr er seine Bibliothek.

Andreæ (Ernst) Inspector in der Pfalz.
S. auch Andreä progr. de *Weinhe-
mio* S. 33 — 37. und de *Crucenaco*
S. 516.

✠ *Andreæ* (Gottfried) Ist mit dem, den
Hr. Adelung hat nicht zu vermengen.
Sein merkwürdiges Leben beschreibet uns
Hr. Andreä im progr. de *Crucenaco*
S. 516.

✠ *Andreæ* (Phil. Hieron.) In der Pfälz.
Kirchengeschichte merkwürdig. S. An=
dreä progr. de *Crucenaco* S. 516.

An-

Andreæ (Tobias I,) S. auch Andreä
progr. de *Crucenaco* S. 340. 341.
Er war nicht des Gröningischen *Tob.*
Andreæ Vatter, wie Hr. Adelung ver-
muthet.

Andreæ (Tobias) Beym Hrn. Adelung
heißt er S. 819. der Arzt. Er war auch
zu Duisburg und Frankfurt an der Oder
Professor Medicinä, aber zulezt zu Fra-
necker Philosophiä Professor. S. *No-*
titiam Universitatis Francofurt. S.
67. und Vriemoets *Athenas Frisia-*
cas S. 602. u. f.

Andreas Trajectensis. Den hat Joecher S. 395. Wo man aber die Be-
merkungen vergleichen sollte, die Herr
Andreä in comment. de *eruditis in*
Palatinatu & *Belgio* Sect. I. S. 8,
und de *Crucenaco* S. 230. angebracht
hat.

✝ *Anselmus* oder *Anshelmus* de Bickelnheim S. drunten *Bickelenheim.*

✝ *Arbogast* (Georg) An. 1613. Prä-
ceptor im Heydelbergischen Gymnasio.
S. die Pfälz. Beyträge B. I. S. 178.
wo ich dasjenige was Hr. Andreä in
progr.

progr. de *Gymnaſio Heidelb.* hat, noch
etwas erweitere.

Aſſum (Io.) daß deſſen Spiegel der Er-
kenntniß, und der Menſchen-Spie-
gel nicht zu verwechſelen ſeye, habe ich in
den Pfälz. Beytr. B. II. S. 91. erinnert. Auch der vorher gelieferte Brief-
wechſel des Pfalzgrafen Johann Ca-
ſimir, und des Grafen Wolfgang
von Hohenloh, erleutert das Leben und
die Schriften dieſes Aſſum.

Aventin (Jo.) Von deſſen Chronik beſorg-
te Nicolaus Cisner 1580. eine teut-
ſche Ausgabe. In dem Exemplar, das
in der hieſigen Sapienz-Bibliothek auf-
behalten wird, hat derſelbe merkwürdige
Verbeſſerungen und Zuſäze auf den Rand
geſchrieben, welche in der Ausgabe vom
Jahrr 1622 nicht benuzt ſind. Ich habe
dieſelbe unter folgendem Titel herausgegeben: „Zuſäze zu des Aventini Chro-
„ nik aus der Sapienz-Bibliothek. „
Frankf. u. Leipz. 1758. 2. Bogen.

✝ *Aurelius* (Abraham) gab zu London
1613. in 4. heraus: *epithalamium in
nuptias* Friderici & Eliſabethæ. S.
Joan-

Joannis addenda ad *Parei* hiſt. Palat. S. 600.

✝ *Bachendorphius* (Nicol. Matth.) S.
Andreä *Crucenacum* S. 493. u. f.

✝ *Balck* (Dominicus) S. Vriemoet
Athen. Friſiacas S. 758.

✝ *Baldemarus* Abbas Sponhem. S. Andreä *Crucenacum* S. 219. 220.

Basleig (Jeremias) wird S. 1493. als
ein im Joecher vergeſſener Mann an-
gegeben. Allein es iſt eben der im Joecher S. 849. vorkommende *Jeremias
Baſting.* Basleig bleibt ein Druck-
fehler.

Bauſſumer (Georg) davon habe ich mehreres gemeldet in den Pfälz. Beyträgen
B. II. S. 19. 20. Auf dem Titel ſei-
nes Catechiſmus hat er ſeinen Nahmen
ganz ausgedruckt.

Beneventus (Balthaſar) iſt Laz. Venator. So lieſet man S. 1666. Sollte
heiſſen: *Beneventus* (Lazarus) iſt Balthaſar Venator. S. meine Pfälz.
Beyträge B. I. S. 90.

✝ *Be-*

✛ *Beckelnheim* (Wilhel. de) Abbas Spon-
heimienſis. S. **Andreä** *Crucenacum*
S. 222. u. f.

✛ *Bents* (Jo.) in der Pfälz. Kirchenge-
ſchichte merkwürdig. S. die Pfälziſche
Beyträge B. I. S. 116.

✛ *Bergmann* (M. A. von). Er war
1733, und nicht, wie im gel. Teutſchland ſteht, 1732. gebohren. Der Tod
deſſelben wird im IIIten Band der Anna-
len der Baieriſchen Litteratur angezeigt,
und das im gel. Teutſchland vorkommende Verzeichnis ſeiner Schriften mit fünf
andern vermehrt.

✛ *Bering* (Bernhard) und (Jo. Georg)
Von beiden handelt Herr **Andreä** im
progr. de *Crucenaco* S. 448. 449. 501.

✛ *Beringer* (Jo. Fabianus) S. **Andreä** *Crucenacum* S. 503.

✛ *Bernhelmus* Abbas Sponhemienſis. S.
Andreä *Crucenacum* S. 73. u. f.

Bernſau (Henr. Wilh.) Iſt dem Herrn
Adelung ein unbekanter Gottesgelehr-
ter, der eine Theologiam Dogmati-
cam herausgegeben. Er wurde aber zu
                                    Lennep

Lennep im Bergischen 1717. gebohren,
und An. 1747. Professor zu Francrker,
und am 30. April 1749. introducirt.
S. Vriemoets *Athenas Frisiacas*
p. 859. die Schriften die Vriemoet
nicht hat, sind folgende: *Institutiones
Hermeneuticæ* Franeq. 1758. in 8.
Onomasticum definitivum Franeq.1760.
4. *Institutiones Theologiæ Problema-
ticæ.* Franeq. 1762. 4. Er starb nicht
lange darnach.

✝ *Bickelnheim* (Anselmus de) S. Andreä *Crucenacum* S. 218.

✝ *Biermann* (Abraham) Inspector zu Lautern. S. meine Beyträge B. II. S.
240.

✝ *Biermann* (Jo. Gualther) S. die Beyträge B. II. S. 100. 101.

✝ *Biermann* (Lud. Frid Lorenz) des
Abrahami Sohn. Gab 1695. zu Basel eine Disput über Psalm XXII. 17.
heraus. S. die Beyträge B. II. S.
240. Wurde Pfarrer zu Neustadt, und
war ein Vatter des folgenden.

✝ *Biermann* (Philipp Lorenz) starb
1744. in Heidelberg. Das Leben und die
Schrif-

Schriften dieses Frommgelehrten Theolo-
gen verdienen umständlich beschrieben zu
werden.

Bod (Petrus) Hr. Adelung führt S.
1949. beym Beschlus dieses Artikels an:
*Historia Unitariorum in Transylva-
nia.* Leiden 1776. 4. Diese Geschichte,
die vorher in die Bibliotheca Hagana
eingerückt ware, kame zu Leiden besonders
heraus, aber nicht in 4. sondern in 8.

† *Bouricius* (Hector) von ihm und seinem
Vatter, dem *Jacob Bouricius,* den
Joecher S. 1306. hat, muß man
Vriemoets *Athenas Frisiacas* S.
206. u. f. nachsehen.

Brand, schrieb sich aber *Brant* (Bernhard) Mehreres liefern meine Pfälz.
Beyträge B. II. S. 20. 21.

† *Brant* (Jo.) S. die Beyträge B. II.
S. 21.

Braun (Tobias) Hr. Adelung verweiset
uns auf Bruno im Joecher, wo sich
auch S. 1430. ein Artickel findet, den
ich in dem II. Band der Beyträgen S.
22. 140. vermehrte, aber darinn fehlte,
daß

daß ich diesen Mann unter die, von Joecher vergessene, gebracht habe.

Brünings (Christian) davon kann man auch *Andreä Crucenacum* S. 515. im Register, und meine Sammlung einiger Beyträge zur Pfälz. Geschichte (Franckf. 1761. 8.) S. 37 — 41. nachsehen. Hr. Adelung hätte das Verzeichnis der Brüningischen Schriften noch vollständiger liefern können aus der Vorrede zum *Compend. Antiq. Hebr.* Doch auch daselbst wird nicht gesagt, daß unser Brünings der christlichen Gottesgelahrheit des B. Pictets (Franckf. 1744. im 2. Theil 4.) eine Vorrede vorgesezt habe. Welche teutsche Uebersezung auch Hr. Noeffelt in der Anweisung zu theol. Büchern (edit. 1780.) §. 237. S. 272. nicht kennet. Die beym Hrn. Adelung vorkommende *Theses de excommunicatione Judaica* hatte ich aufgesezet.

✝ *Brünings* (Conrad Ludov.) des vorigen Sohn, starb 1781. S. *Andreä Crucenacum* S. 478. u. f.

✝ *Brünings* (Joh. Melchior) S. *Andreä Crucenacum* S. 506. u. f.

M   *Brün-*

Brunner (Leonhard) In Zwinglii Briefen kömmt ein *Leonhard* vor, der eben
dieser **Brunner** ist, wie das Exemplar
in der Sapienz-Bibliothek beweiset, wo
auf dem Rand viel merkwürdiges geschrie-
ben ist. S. meine Pfälz. Beyträge B. I.
S. 297. und auch S. 312. not. 22.

Buchstab (Joh.) S. auch meine Ergözlichkeiten aus der Pfälz. und Schweizerischen Geschichte I. Stück S. 37.

✝ *Busius* (Paul) Professor zu Francker,
ist mit dem *Paul Busius*, den Joecher
unter dem Artikel *Buysen* S. 1524 hat,
nicht zu vermengen. S. **Vriemoets**
Athen * *Frisiacas* S. 141. u. s.

LXXII.

H. B. Wencks Hessische Landesgeschichte. I. Band
Darmstadt 1783. 4.

Dieser I. Band enthält die Katzenelenbo-
gische Geschichte, die mit der Pfälzischen in verschiedener Absicht verbunden ist.
Ich will nur einiges aus diesem wichtigen
Werke bemerken.

In

---

* S. von **Vriemoets** Schriften den 2. Zusaz
S. 191. 192.

In der vorgeſezten Abhandlung von den
Quellen der Heſſiſchen Geſchichte werden
S. 26 §. XXXIX. unſers Tollners Be-
mühungen um die Heſſiſche Geſchichte angezeigt.   Folgende §ph. ſind uns beſonders
merkwürdig.

§. XVIII. S. 194. u. f. die Grafen
von Katzenelenbogen ſtammen nicht — —
von dem Hunsrück.

§. XXIV. S. 235. u. f. Henrich I.
von Katzenelenbogen und ſeine Söhne:
Henrich II. und Biſchof Philipp von
Osnabrück. Pfalzgraf Herman von Stal-
eck war der leztern Halbbruder von der
Mutter her.

§. LXXXVI. S. 585. u. f. Graf
Philipp läßt ſich — — mit Friedrich dem
Sieghaften von der Pfalz in ein Bündnis
ein.

§. XCIV. S. 621. Landgraf Wilhelm II. nimmt an der Baieriſchen Fehde
Antheil, und überzieht die Pfalz.

§. CXV. u. f. S. 623. u. f. Folgen
der Baieriſchen Fehde, wo S. 625. bey
Umſtadt gezeigt wird, wie Henrich,

M 2   Abt

Abt zu Fuld im J. 1390. Otzberg und die Hälfte von Umstadt an Churfürst Ruprecht den Aeltesten von der Pfalz verkauft habe. Hie sind 2 Stücke zu erinnern: a) der Verkäufer ware nicht Henrich sondern Friedrich, Abt zu Fulda. b) Der Käufer ware nicht Ruprecht der Aelteste, oder Ruprecht I. der am 16. Febr. 1390. (wie ich in den Pfälz. Beyträgen B. I. S. 240. bewiesen habe,) schon gestorben ware. Dieses wird selbst aus dem Urkunden-Buch n. CCLXXVI. S. 201. ins gehörige Licht gesetzet. Der Abt Friedrich, nicht Henrich, weißt am 24. Aug. 1390. Henne Groschlag an seinen neuen Lehn-Herrn, an Ruprecht den Aeltern, und also nicht, wie Herr Wenck in der Geschichte S. 625. schreibt, an Ruprecht den Aeltesten.

Ich hatte in den Pfälz. Beytr. B. I. S. 124. u. s. auch gezeigt, wie der Abt Friedrich 1390. den Dieter Gansen an seinen neuen Herrn, an Ruprecht den Aeltern gewiesen habe, und zugleich von der 1694. ausgestorbenen Familie der Gansen von Otzberg einige Nachricht ertheilet. Herr Wenck hat §. XCVII. S. 630.
einen

einen Erbachiſchen Hauptmann in dem
Schloß Birkenbach, der dem Landgraf
Wilhelm die Schlüſſel von ſelbſt über-
brachte.

In dem Urkunden-Buch findet ſich viel
Pfälziſches. Man ſehe im II. Regiſter den
Artikel: *Palatini*, wo von denſelben vom
J. 1267. bis 1493. viele Urkunden ange-
zeigt werden.

Auch kann die Pfälziſche Topographie
ſchön erleutert werden. Ich will meinen
Leſern zur Probe eine chronologiſche, unſer
Oppenheim betreffende, Nachricht vor-
legen.

1257. den 17. May erſcheint als Zeuge
Peregrinus de *Oppenheim* miles, im
Urkunden-Buch n. XXVII. S. 25.

1272. Heſſiſcher Streit mit Oppenheim,
das Fiſchwaſſer betreffend, wo Diet=
her und Eberhard von Katzenelenbogen und Kaiſer Rudolph vorkommen. S. die Geſchichte S. 333. 334.
und das Urkunden-Buch S. 38. n.
LVI. Und darum kan der dort S. 60.
n. LXXXVI. aus dem Gudenus an-
gezeigte Spruch des Werner von

M 3 Sal-

Falkenstein nicht 1293. gegeben seyn, wie Herr Wenck in der Note mit Recht bemerkt, und deswegen diese Erleuterung gibt: „Werner von Fal-
„ kenstein bezeugt hier nur den ehemals
„ gethanen Spruch von neuem, oder
„ vielleicht faßte er ihn auch iezo zu-
„ erst schriftlich, nachdem er ihn ehe-
„ mals nur mündlich in Gegenwart
„ und mit Zuziehung der angeführten
„ Herren ertheilet hatte. Vergl. Nro.
„ XCVII.„ Man mag nun die Sache nehmen wie man will, so wurde
dieser Spruch 1273. gegeben. Ich
weiß auch nicht, ob Werner von
Falkenstein 1293. noch lebte. Kaisers Adolph Urkunde, die Herr
Wenck S. 64. n. XCVIII. angezeigt,
redet, von einem Falkensteinischen
Spruch, der ehemals gegeben
war. Ich wolte also fast glauben, daß
die Urkunde die Gudenus *Cod. Dipl.*
V. S. 778. aufs Jahr 1293. gebracht
hat, zum Jahr 1273. gehöre.

1276. Eberhard I. von Katzenelenbogen
erhält von K. Rudolph das Burglehn auf Oppenheim. S. die Geschichte

ſchichte §. LXII. S. 343. und das
Urkunden-Buch n. XLIII. S. 43.

1285. mehrt K. Rudolph dem Graf
Eberhard ſein Burglehn in Oppenheim mit einem Fuder Wein in Nierſtein. S. Urkundenbuch n. LXXV.
S. 52.

1298. Kaiſer Adolph weißt ſeinem Oheim,
Graf Eberhard von Katzenelnbogen
vorgeſchoſſene 3509 fl. auf Oppenheim
und Nierſtein an. S. Urkunden-Buch
n. C. S. 66.

1301. Kaiſer Albrecht verleiht dem Gr.
Eberhard von Katzenelnbogen, für
ſeine Stadt Stadeck, die Rechte der
Stadt Oppenheim und Markt-Ge-
rechtigkeit. S. Urkunden - Buch n.
CVIII. S. 71.

1311. König Henrich VII. verwilligt dem
Graf Diether von Katzenelnbogen
für Katzenelnbogen, Lichtenberg
und Bieberau, die Freiheiten der
Stadt Oppenheim. S. Urkunden-
Buch n. CXXV. S. 80.

Herr Wenck meldet in der Geſchichte
S. 343. „Burg und Stadt Oppenheim

„ge-

„ hörte dem Reich unmittelbar zu, „ und
sezt in der Note f. hinzu: „Sie kamen erst
„ im Jahr 1402. an Pfalz, als sie Kai-
„ ser * Ruprecht, neben der Burg und
„ Stadt Odernheim u. s. w. an seinen
„ Sohn Pfalzgraf Ludwig verpfändete.
„ S. den Pfandbrief in *Jo. Henr. An-*
„ *dreæ* Comment. de Oppenhemio p.
„ 134. &c. „ Die beym Herrn Andreä
abgedruckte Urkunde war geben zu Hey-
delbergk auff S. Bartholomeus —
Abend 1402. Man vergleiche aber
den II. Band meiner Beyträgen S. 9. u.
f. wo ich eine hieher gehörende Urkunde habe, die geben war zu Altzey vf den
Fritag nach dem heil. Ostertag 1407.
Ich schliesse daraus S. 221. daß diese 1402.
angefangene Sache erst 1407. recht zu Stand
gekommen seye. Welche Gedanken selbst
Herr Andreä in Comment. de *Oppenhemio* S. 48. 48. billiget. Wenigstens hat
K. Ruprecht, (wie ich in den Beytr.
S. 14. gezeigt.) diese Gelder nicht von der
Gemahlin seines Sohns zu dem Italieni-
schen

---

* Man sagte damals vielmehr König Ruprecht. Vergleichet was droben S. 109.
gegen Herrn Spittler erinnert ist.

ſchen Zug entlehnet, der ſchon geendigt ware, als ſich der junge Pfalzgraf mit der
Prinzeſſin aus Engelland vermählte Dieſe
Engelländiſche Gelder müßten alſo zu Abtragung der vorher gemachten Schulden verwendet worden ſeyn.

LXXIII.

Allgemeine Bibliothek für das Schul= und Er=
ziehungsweſen in Deutſchland. III. Band
I. St. Nördlingen 1775. gr. 8.

S. 247 — 253. wird recenſirt: **Plan
von der öfonomiſchen und Cam=
meralſchule. Mannheim 1775.** Der
Recenſent erinnert vieles freymüthig, aber
doch immer mit der gebührenden Beſcheidenheit, und zulezt S. 252. dieſes: „Dürf
„ ten wir ſagen, was wir an dieſem
„ Plan verbeſſern würden; ſo wäre es die
„ ſes: Die Anſtalt iſt für die, welche die
„ niedern Schulen bereits geendigt haben,
„ und eine Akademie zu beziehen willens
„ ſind. Dieſen kan eine zweyjährige Ent
„ fernung von den Hülfswiſſenſchaften —
„ — ungemein ſchädlich werden, und wir
„ fürchten, ſie werden auch auf der Akade

M 5 „ mie

„ mie ihre ganze auf der Cammeralschule
„ gesammelte ökonomische Wissenschaften
„ bey ihrem Studio der Rechtsgelehrsam-
„ keit und bey aller Entfernung von ökono-
„ mischer Erfahrung gar bald wieder ver-
„ gessen. Vielleicht wäre es in dieser Rück-
„ sicht schicklicher gewesen, die neue An-
„ stalt mit der Akademie zu Heidelberg
„ zu verbinden, da dann die nichtstudirende
„ Oekonomen der Cammeralschule, als ih-
„ rem Hauptwerk, hätten obliegen, dabey
„ aber andere gemeinnützige akademische Un-
„ terweisungen hätten benutzen; die Stu-
„ direnbe aber, neben dem Unterricht der
„ Cammeralschule, ihr Hauptstudium hät-
„ ten treiben können. Und vielleicht wäre
„ das zugleich ein Mittel gewesen, dieser
„ ehemals so berühmten Universität wieder
„ Zufluß von Auswärtigen zu verschaffen.„
Dieser Recensent kann sich in der That
freuen, daß sein vor vielen Jahren geäus-
serter Wunsch jezt erfüllet ist. Wenn man
die ganze Recension durchlieset, wird man
alsobald merken, daß der Verfasser dersel-
ben ein in dem Schulwesen geübter und ein-
sichtsvoller Mann seye. Ich kann und darf
auch diesen Mann nennen. Er ist der berühm-
te Rector zu Heilbronn, Herr Schlegel.

LXXIV.

LXXIV.
Etwas von S. W. Oetters Schriften.

a.

Historische Nachrichten von dem Hause und Wappenbild der Herrn Riedesel. Tübingen 1778. 8.

Auch hie finden Pfälzer etwas aufzuzeichnen und zu verbessern.

I) S. 26. u. f. werden, aus Gelegenheit des Nahmens **Riedesel**, Baierische Geschlechter angeführt, die von Pferden und Eseln den Nahmen hatten, die **Gurren**, die **Frum** = oder = **From** = **Esel**.

II) S. 72. u. f. wird unter den tapfern **Riedeseln**, besonders **Georg** gerühmt, und zwar in Absicht auf die Pfalz. Allein Hr. **Oetter** hat hie die Fehler seiner Vorgänger ohne weitere Untersuchung, nachgeschrieben. Aus der Thüring = Hessischen Chronik (die in **Senckenbergs** Select. Juris & Hist. T. III. abgedruckt ist,) aus dem 15. Cap. S. 480. will uns Hr. **Oe.** S. 73. belehren, daß im Jahr 1443. **Georg Riedesel** dem Pfalzgrafen **Friederich** am Rhein, gegen den Herzog **Lud-**

Georg

wig zu Baiern, mit 150. Rittern zu
Hülfe gezogen. Aber gleich darauf S. 76.
n. 110. behauptet er aus Burgermeisters
Biblioth. Equeſt. T. I. S. 303. dieſer
Georg Riedeſel ſeye in eben dieſem Krieg
im J. 1473. vor Dürckheim verwundet
worden. Wo folgendes zu bemerken iſt.

a) Friedrich I. führte freilich mit Herzog Ludwig Krieg, den man aber, wenn
man ſich beſtimmt ausdrücken will, hier
nicht Herzog zu Baiern, ſondern von Vel-
denz nennen muß. Mit Herzog Ludwig
von Baiern unterhielt Churfürſt Friedrich I. eine genaue Freundſchaft. In der
Pfälziſchen Geſchichte werden die Pfalzgrafen öfters vermenget, oder miteinander ver-
wechſelt. Ich habe davor ſchon gewarnet in
den Beyträgen zur Pfälz. Geſchichte B. I.
S. 330. u. f. und S. 452. n. XV. und
B. II. S. 307. u. f.

b) Der Sprung vom Jahr 1443. auf
1473. iſt gar zu eilfertig. Doch die Jahrzahl 1443. beim Senckenberg iſt eben ſo
irrig, als die 1473. beim Burgermeiſter.
Denn alles hat ſich im Jahr 1471. zugetragen. Wachenheim wurde 1471. belagert
und eingenommen, wie der ſel. Kremer
in der Geſchichte Friedrichs I. S. 449.
leh-

lehret, wo auch in den Urkunden n. CLXI.
b. S. 441. Georg Riedesel in dem Kur-
pfälzischen Belagrungsheer vor Wachenheim
im Jahr 1771. erscheinet. Und in eben diesem 1471. Jahr wurde, wie Kremer
S. 461. §. XV. zeiget, Dürckheim belagert und eingenommen.

c) Doch die vom Herrn Oetter angeführten Schriftsteller, obschon sie bey der
Jahrzahl fehlen, können uns doch Zusäze
zu Kremers Geschichte des Churfürsten
Friedrichs I. liefern, indem man beim
Senckenberg S. 481 — 484. und beim
Burgermeister S. 303. noch fernere
Umstände von diesem Krieg, besonders von
der Belagerung Dürckheim findet. Nur
macht Hr. Oetter aus den Senckenber-
gischen Nachrichten allerhand Schlüsse,
die in der Geschichte nicht gelten. Er siehet
lauter Ritter oder Personen von Adel bei
denen 150. Pferden, die der, vom Churfürst in Sold genommene, Georg Riedesel zuführte, weil unter ihnen ein Curt
von Waldenstein vorkömmt. Auch meldet
er als eine Gewisheit, daß ihre Röcke grau
und die Aufschläge grün gewesen, indem
diese Farben in dem Riedeselischen Wap-
penschild erscheinen.

b. Ob

b.

Ob die Personen, welche den Landfrieden gebro-
chen hatten, die Hunde zur Strafe führen
oder tragen müssen? Augsburg 1784. 8.

Hier wird untersucht, woher diese Strafe, der sich auch Pfalzgraf Hermann un-
terwerfen mußte, entstanden, und gegen
J. C. H. Dreyer behauptet, man habe
die Hunde nicht nur führen, sondern
tragen müssen.

LXXV.

C. G. von Murr Journal zur Kunstgeschichte
und allgemeinen Litteratur. XIIter Theil.
Nürnberg 1784. 8.

Zur Mathematischen Litteratur gehört das
Ehrengedächtniß des neulich verstorbe-
nen Pfälzischen Astronomen, Christian
Meyers, nebst Auszügen aus dessen Briefen an den Herrn von Murr.

LXXVI.
Einige Zusäze.

Erster Zusaz zu S. 63. n. IV.

Von der Religionsgesinnung des Churfürsten Friedrichs II. von der Pfalz denken
katholische Schriftsteller anders. Ich ver-
weise meine Leser auf des Mainzischen Geist-
lichen Raths und Prof. Theologiä, Herrn

Jungs

Jungs *Philippum Cellenſem* S. 20. und
auf die Literatur des katholiſchen
Deutſchlands B. IV. S. 3.

Zweiter Zuſaz zu S. 165 — 178.

Joecher benuzte die *Seriem Profeſ-*
ſorum Franeq. des berühmten Vriemoets,
deſſen weit wichtigere *Athenas Friſiacas,*
worauf ich mich hie berufe, Hr. Adelung
nicht kennet. Vriemoets Schriften ſoll-
ten überhaupt in Teutſchland bekannter ſeyn,
wie ich ſchon in der allg. theolog. Bibliothek B. III. (Mietau 1775. 8.)
S. 288. u. f. bemerkte, und zwar in Abſicht auf Jeſ. VIII. 20. wo bey der Erklärung des Herrn Schellings alle Recenſen-
ten, ſelbſt Erneſti und Michaelis, an
Vriemoets philologiſche Schriften nicht
dachten.

Dritter Zuſaz zu S. 178. n. LXXII.

Herr Wenck handelt §. LXX. S.
524. von Johann III. von Katzenelnbogen,
von ſeinem Sohn Philipp und deſſen Gemahlin Anna von Würtemberg, von deren Sohn Philipp und deſſen Gemahlin
Ottilia. Alle dieſe kommen in einem alten
Document der Heydelbergiſchen Univerſität
zugleich vor, in dem Verzeichnis derjenigen
Perſonen, die nach Zell, (das jezt der Univerſität

verſität gehört,) wallfahrten, und ſich in
die Brüderſchaft St. Philipps begaben,
um Ehe-Segen zu erflehen. In den Pfälz.
Beytr. B. II. S. 262. und S. 275. habe ich aus unſerm Document das nöthige
geliefert, und auch S. 281. Eliſabeth
von Katzenellenbogen, Gemahlin Johanns
von Naſſau, und deren Sohn Wilhelm
angeführt, die ſich auch zu der Broderſchaft
St. Philippi gebrodert. Unſer Document
iſt überhaupt in Abſicht auf faſt alle hohe
Häuſer und Familien merkwürdig.

* *   * *   *.*
  *   *

Die vor einigen Jahren herausgegebene
Programmata von den Heydelbergiſchen
Rectoribus Magnificentiſſimis aus dem
Pfälziſchen Hauſe werde ich aufs neue mit
Vermehrungen herausgeben.   Nächſtens
wird davon das erſte Stück erſcheinen, und
diejenige Pfalzgrafen beſchreiben, die vor
dem dreiſigjährigen Krieg hie Rectores
Magnificentiſſimi geweſen ſind, nehmlich
Georgium Joannem vom J. 1558, Chri-
ſtophorum p. J. 1566, Carolum v. J.
1580, Fridericum IV. v. J. 1587. unt
1588, und endlich Joannem Caſimirun
v. J. 1606.

verſität gehört,) wallfahrten, und ſich in
die Brüderſchaft St. Philipps begaben,
um Ehe-Segen zu erflehen. In den Pfälz.
Beytr. B. II. S. 262. und S. 275. habe ich aus unſerm Document das nöthige
geliefert, und auch S. 281. Eliſabeth
von Katzenellenbogen, Gemahlin Johanns
von Naſſau, und deren Sohn Wilhelm
angeführt, die ſich auch zu der Broderſchaft
St. Philippi gebrodert. Unſer Document
iſt überhaupt in Abſicht auf faſt alle hohe
Häuſer und Familien merkwürdig.

* *   * *   * *
*   *   *

Die vor einigen Jahren herausgegebene
Programmata von den Heydelbergiſchen
Rectoribus Magnificentiſſimis aus dem
Pfälziſchen Hauſe werde ich aufs neue mit
Vermehrungen herausgeben.   Nächſtens
wird davon das erſte Stück erſcheinen, und
diejenige Pfalzgrafen beſchreiben, die vor
dem dreiſigjährigen Krieg hie Rectores
Magnificentiſſimi geweſen ſind, nehmlich
Georgium Joannem vom J. 1558, *Chri-
ſtophorum* v. J. 1566, *Carolum* v. J.
1580, *Fridericum IV.* v. J. 1587. und
1588, und endlich *Joannem Caſimirum*
v. J. 1606.

verſität gehört,) wallfahrten, und ſich in
die Brüderſchaft St. Philipps begaben,
um Ehe-Segen zu erflehen. In den Pfälz.
Beytr. B. II. S. 262. und S. 275. habe ich aus unſerm Document das nöthige
geliefert, und auch S. 281. Eliſabeth
von Katzenellenbogen, Gemahlin Johanns
von Naſſau, und deren Sohn Wilhelm
angeführt, die ſich auch zu der Broderſchaft
St. Philippi gebrodert. Unſer Document
iſt überhaupt in Abſicht auf faſt alle hohe
Häuſer und Familien merkwürdig.

* *   * *   *.*
*   *   *

Die vor einigen Jahren herausgegebene
Programmata von den Heydelbergiſchen
Rectoribus Magnificentiſſimis aus dem
Pfälziſchen Hauſe werde ich aufs neue mit
Vermehrungen herausgeben. Nächſtens
wird davon das erſte Stück erſcheinen, und
diejenige Pfalzgrafen beſchreiben, die vor
dem dreiſigjährigen Krieg hie Rectores
Magnificentiſſimi geweſen ſind, nehmlich
Georgium Joannem vom J. 1558, *Chri-
ſtophorum* p. J. 1566, *Carolum* v. J.
1580, *Fridericum IV.* v. J. 1587. unt
1588, und endlich *Joannem Caſimirun*
v. J. 1606.

verſität gehört,) wallfahrten, und ſich in
die Brüderſchaft St. Philipps begaben,
um Ehe-Segen zu erflehen. In den Pfälz.
Beytr. B. II. S. 262. und S. 275. habe ich aus unſerm Document das nöthige
geliefert, und auch S. 281. Eliſabeth
von Katzenellenbogen, Gemahlin Johanns
von Naſſau, und deren Sohn Wilhelm
angeführt, die ſich auch zu der Broderſchaft
St. Philippi gebrodert. Unſer Document
iſt überhaupt in Abſicht auf faſt alle hohe
Häuſer und Familien merkwürdig.

**   **   **

Die vor einigen Jahren herausgegebene
Programmata von den Heydelbergiſchen
Rectoribus Magnificentiſſimis aus dem
Pfälziſchen Hauſe werde ich aufs neue mit
Vermehrungen herausgeben. Nächſtens
wird davon das erſte Stück erſcheinen, und
diejenige Pfalzgrafen beſchreiben, die vor
dem dreiſigjährigen Krieg hic Rectores
Magnificentiſſimi geweſen ſind, nehmlich
Georgium Joannem vom J. 1558, *Chri-
ſtophorum* v. J. 1566, *Carolum* v. J.
1580, *Fridericum IV.* v. J. 1587. und
1588, und endlich *Joannem Caſimirum*
v. J. 1606.